PROCÈS-VERBAL

DE L'OUVERTURE

DE L'ÉCOLE DE DROIT

DE LA

VILLE DE TOULOUSE,

RÉTABLIE par la Loi du 22 Ventôse an 12, et par le Décret Impérial du 4ᵉ. jour complémentaire suivant.

A TOULOUSE,

Chez MARIE-JOSEPH DALLES, Imprimeur de l'École de Droit.

An XIV - 1805.

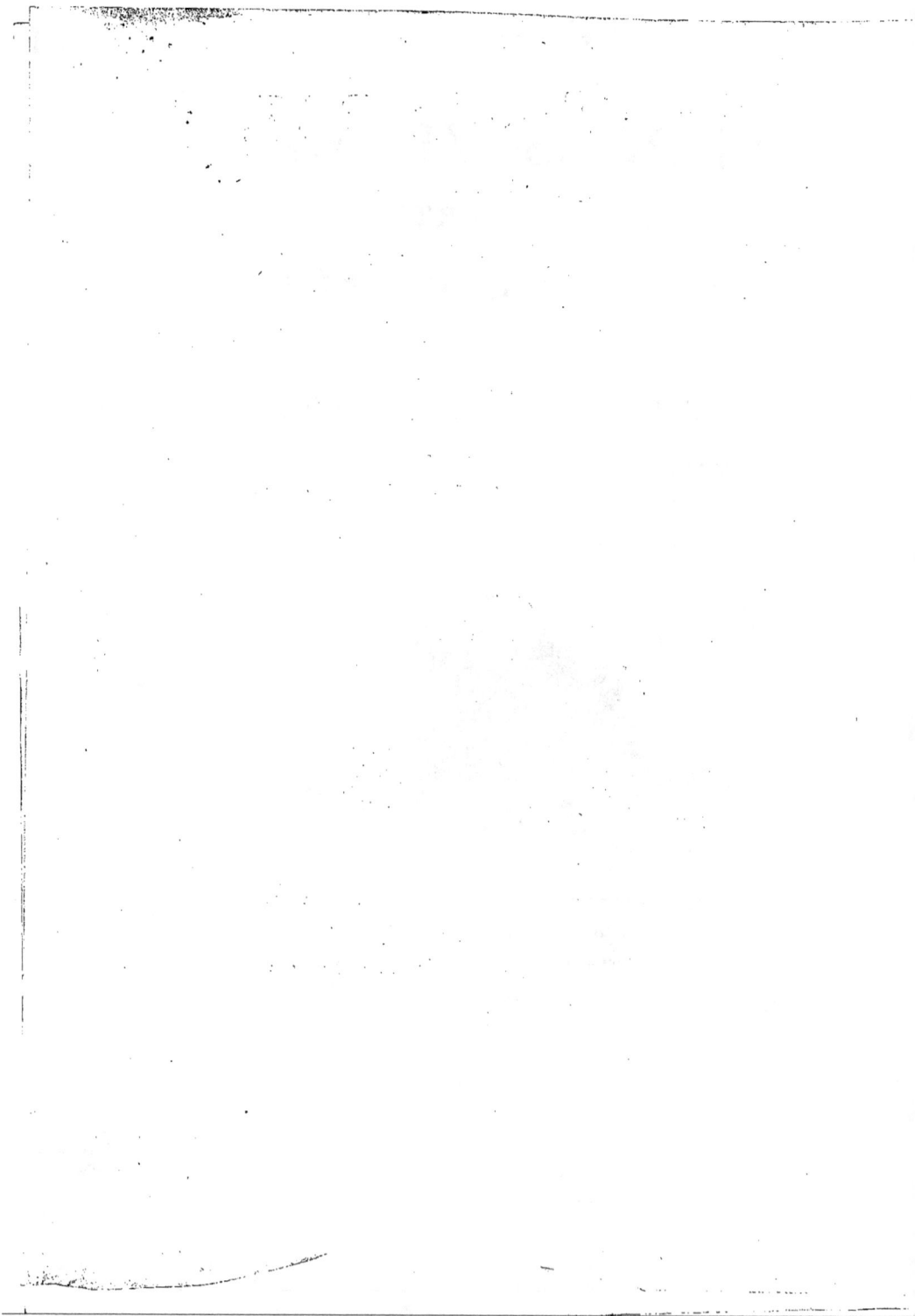

PROCÈS-VERBAL

DE L'OUVERTURE

DE L'ÉCOLE DE DROIT

DE LA VILLE DE TOULOUSE,

Rétablie par la Loi du 22 Ventôse an 12, et par le Décret Impérial du 4.ᵉ jour complémentaire suivant.

L'ouverture de l'École de Droit de la ville de Toulouse, ayant été fixée à ce jour, 21 brumaire an 14 (le deuxième de l'empire français,) tous les fonctionnaires publics civils, militaires, ecclésiastiques et judiciaires, ayant manifesté le désir d'assister à la séance, pour en augmenter la pompe, et partager la joie générale des habitans de cette ville, ainsi que de tous les départemens méridionaux ;

M. le général Chabran, commandant la 10.ᵐᵉ division militaire, et son État-Major, précédés d'une musique guerrière et suivis d'un détachement d'infanterie, se sont rendus, à onze heures du matin, à l'hôtel de la mairie, où se sont réunis MM. les Directeur et Professeurs de l'École de Droit, les professeurs-suppléans, et plusieurs autres fonctionnaires publics, à l'exception de M. le Préfet du département de la Haute-Garonne, absent de la ville, pour l'exécution de la loi sur la conscription militaire.

A midi, le cortége est sorti de la Mairie, au bruit des tambours et de la musique, et s'est rendu, suivi d'une foule immense, au

collége national, dans la salle destinée à la cérémonie, où se trouvoient déja rassemblés M. l'Archevêque et son clergé, la cour d'appel,
la cour de justice criminelle, le tribunal de première instance, les
juges de paix, le conseil de discipline et d'enseignement de l'École de
Droit, le bureau d'administration, un grand nombre de fonctionnaires
publics, plusieurs hommes célèbres qui ont illustré le barreau, la
magistrature, et les diverses classes de la société.

Le cortége ayant pris place, au son des instrumens; un silence
profond, le calme le plus majestueux ayant succédé, M. Jamme,
professeur de droit civil et directeur de l'École, est monté à la tribune,
et a prononcé le discours suivant :

Messieurs,

Après quinze ans d'éclipse, le soleil de justice s'est donc levé sur
la France, et ses premiers rayons se sont portés sur la ville de Toulouse,
presqu'aussi-tôt que sur la capitale.

Le héros qui préside à nos destinées a senti, que l'instruction est le
premier besoin des peuples, et que dans le vaste cercle des connoissances humaines, celle des lois est la plus utile aux sociétés, puisque,
suivant l'expression des Romains, elle embrasse le ciel et la terre, le
juste et l'injuste, et assure le repos et le bonheur des empires.

Nous nous empressons de consacrer le premier acte de nos fonctions
publiques, par l'hommage solennel de notre reconnoissance envers la
main puissante et restauratrice qui a su réunir l'éclat des armes à la
majesté des lois, et mettre en pratique le premier devoir que Justinien
impose à l'autorité souveraine, *imperatoriam majestatem non solùm
armis decoratam, sed etiam legibus oportet esse armatam.*

Depuis six siècles, Toulouse s'énorgueillissoit de posséder d'abord
une fameuse École, et bientôt après une Université célébre préconisée
par les papes, cimentée par les rois, honorée non-seulement en France,
mais encore dans toute l'Europe sur laquelle elle répandoit des faisceaux

de lumière et de bienfaisance, par ses leçons et par ses écrits.

Un instant de vandalisme avoit tout détruit, un sceptre de fer avoit brisé les tables de la loi, ses ministres étoient dispersés, la science appeloit la proscription, les talens menoient à l'échafaud, les temples de toute instruction étoient fermés, lorsque le restaurateur de la chose publique a crù devoir l'être aussi des Écoles de Droit, pour les rendre à leur destination primitive, et les environner de sa gloire.

Graces immortelles lui soient rendues, non par de vaines paroles, mais par des effets capables de répondre à ses vues paternelles, et de redonner son ancien éclat à un enseignement qui tient de si près à l'ordre social.

C'est à nous, MESSIEURS, à supporter le poids de la célébrité de nos prédécesseurs ; et ce fardeau n'est pas aisé à soutenir.

Si nous n'avions qu'à parcourir la même carrière qu'ils ont illustrée, il nous suffiroit de nous tenir près de nos modèles, de marcher exactement sur leurs traces, de nous identifier, pour ainsi dire, avec eux, et en ne les perdant jamais de vue, nous serions comme assurés d'atteindre le même but.

Mais il s'ouvre devant nous une route toute nouvelle. C'est un champ vaste qu'il faut défricher avec effort, mais dont la culture assure des fruits aussi solides qu'abondans.

Dans l'ancienne Faculté de Droit, l'enseignement étoit borné au Droit Romain, et à une très-petite partie du Droit Français.

C'est sans doute cette répartition qui avoit déterminé un de nos plus célébres professeurs, Boutaric, à soutenir, que le Droit Romain étoit le droit commun du royaume, et qu'il falloit y recourir dans tous les cas, et dans toutes les espèces où il n'avoit pas été fait de changement par les ordonnances des rois, par nos coutumes, ou par nos usages.

Serres, son rival de gloire, et quelquefois son contradicteur trop amer, soutenoit au contraire, que c'étoit la coutume de Paris, pour tous les cas qui s'y trouvent décidés, et dont les autres coutumes n'ont pas parlé.

Choisissez, MESSIEURS, entre ces deux avis celui qui vous paroîtra le plus juste ou le plus convenable.

Si un jeune homme donne la préférence au Droit Romain; dans quelle méditation n'est-il pas obligé de se plonger, même pour saisir la chaîne de cette multiplicité de décisions qui se contrarient quelquefois, et qu'on ne peut concilier, qu'avec la plus grande réflexion. Plusieurs années lui suffiront à peine, pour lever la carte du pays dans lequel il va voyager.

S'il se détermine pour la coutume de Paris; il faut qu'il dévore et cette coutume et toutes les coutumes particulières, pour savoir en quoi la première doit régir les questions non exprimées dans les autres; et dans tous les cas, il doit se résigner à oublier ce qu'il aura appris avec tant de peine, pour toutes les parties où nos ordonnances auront dérogé au Droit Romain ou aux coutumes.

C'est dans cette position qu'il faut se placer, pour sentir tout le prix du Code civil. C'est sur les épines du Droit Romain et sur le chaos des coutumes, que ce code s'est majestueusement assis, pour recevoir l'hommage des Français, et se montrer avec avantage aux yeux de la postérité.

Les jurisconsultes les plus profonds, les hommes d'état les plus éclairés avoient conçu depuis long-temps le dessein de donner à la nation une législation uniforme.

En s'élevant au dessus de la sphère ordinaire, en planant sur la France, leur génie avoit été affligé de voir la législation du plus bel empire du monde, composée de pièces de rapport.

Ce n'étoit pas sans douleur, qu'on voyoit les pays conquis ou réunis conserver leur ancienne législation, de manière que parmi les provinces soumises au même empire, les unes étoient régies par des lois allemandes, ou espagnoles, les autres par le Droit écrit.

En laissant aux vaincus leurs lois originaires, la France s'étoit maintenue dans sa législation primitive.

Mais de quoi étoit composée cette législation ? D'un amas d'usages particuliers, établis arbitrairement par les habitans d'une province, d'un canton, d'une ville et quelquefois d'un village, et décorés par le temps du nom imposant de *coutume*; usages dont plusieurs parties ne peuvent être examinées de près, sans qu'on éprouve ce sentiment que le ridicule arrache à la raison, et qui ne peuvent être justifiés que par leur ancienneté et par l'approbation que les rois leur avoient donnée, en cédant à l'importunité ou à l'empire des circonstances.

Par cette étrange bisarrerie, non-seulement on voyoit plusieurs états dans le même état, mais encore dans la même province où se trouvoient plusieurs coutumes locales dont le ressort n'étoit séparé que par une riviere, ou par un chemin, ce qui étoit réputé juste d'un côté, étoit réputé injuste de l'autre.

Tel étoit le labyrinthe dans lequel les jurisconsultes et les magistrats étoient à tout instant sur le point de s'égarer, si le fil d'une longue expérience ne les conduisoit dans ces sentiers épineux et difficiles.

Le mal étoit généralement senti et reconnu, mais il étoit comme impossible d'y appliquer le remède.

D'Aguesseau, le plus grand jurisconsulte de son siècle, avoit fortement exprimé le vœu d'une législation commune à toutes les parties du royaume : « La justice » disoit-il » devroit être aussi uniforme dans ses « jugemens, que la loi dans ses dispositions, et ne pas dépendre de « la différence des temps et des lieux, comme elle fait gloire d'igno- « rer celle des personnes ; » mais entraîné par le torrent, il mit lui-même de nouveaux obstacles à la lumière de son esprit et au vœu de son cœur.

Dans les ordonnances des *donations* et des *testamens* qui l'ont immortalisé, il a consacré une partie de leurs dispositions, à sanctionner de nouveau cette diversité et de droit et de coutumes.

Pardonnons à ce grand homme, cette faute involontaire, c'étoit celle de son siècle, et non pas la sienne.

Un changement total et subit étoit alors regardé comme dangereux et presque impossible : en heurtant de front tous les peuples dont la

France étoit composée, c'étoit opérer un bouleversement général, ai-
grir les esprits, et s'exposer à une exaspération dont les suites sont toujours incertaines.

On savoit déjà, que les provinces conquises ou réunies avoient plus
d'une fois invoqué avec succès, leur pacte social consigné dans les
capitulations et les traités dont la foi ne pouvoit pas être violée.

Les diverses coutumes que s'étoient données les habitans de l'ancienne France, se présentoient avec tout le respect dû à l'antiquité,
toute la force de la possession, et tout l'appareil de la sanction des
souverains.

Les cours et les parlemens accoutumés à leur jurisprudence respec-
tive dans laquelle ils avoient vieilli, n'auroient-ils pas opposé une résistance d'autant plus invincible, qu'elle auroit été soutenue par les
acclamations de leurs justiciables ? N'avoient-ils pas plusieurs fois
éprouvé, qu'il suffisoit de déployer à propos du courage et de l'éner-
gie, pour faire reculer l'autorité, et s'établir ainsi les tuteurs des rois?

Mais quel orage affreux s'élève sur nos têtes ? Le volcan révolution-
naire a tout dévoré. Les lois dont nous demandions la perfection,
n'existent plus, la puissance législative a subi le même sort, l'anarchie
règne insolemment, et la France désorganisée n'a d'autre code, que
le cœur corrompu et féroce de quelques tyrans qui s'entre-détruisent,
et se succèdent ainsi dans l'usurpation de l'autorité.

Elle a disparu à son tour cette puissance éphémère et atroce ; à la
désorganisation générale, à la dissolution du corps social, a succédé
un gouvernement fort et régulier.

Image de Dieu sur la terre, un souverain éclairé sait tirer le bien
du mal.

La division des provinces n'existe plus, les corporations et les tribu-
naux se sont écroulés avec le trône, l'égoïsme et la terreur ont com-
primé tous les esprits, et les cœurs osent à peine s'ouvrir à l'espé-
rance.

O toi, qui as eu le courage de saisir le gouvernail du vaisseau de l'état, et de le ramener au port ; c'est le moment de donner à la nation une législation uniforme, qui n'éprouvera ni obstacle ni résistance, arrache-la au chaos dans lequel l'a plongée l'abolition de toute institution et de tout enseignement.

Le vœu des vrais citoyens est exaucé, le code Napoléon est promulgué, et déjà la reconnoissance publique a placé la statue du restaurateur des lois, dans le palais du corps législatif.

C'est dans ce code, que nous trouvons l'or pur du Droit Romain et des coutumes ; c'est dans le creuset de la raison, que l'alliage s'est évaporé, et que la rouille du temps à disparu.

Que ne puis-je en faire ici l'analyse et renfermer dans les bornes de ce discours, l'ordre et la série de ses diverses dispositions où un principe en appelle un autre, une conséquence prépare une autre conséquence, de manière que l'ouvrage de plusieurs mains forme un ensemble si parfait, qu'on le croiroit conçu d'un seul coup de génie ! Le développement de cette heureuse harmonie fera la matière d'une partie de nos leçons.

J'observerai seulement, que c'est par la perfection de ce code, que notre législation sera au dessus de celle des Romains, quoiqu'elle fût devenue celle de leurs vainqueurs, et qu'elle ait survécu à la destruction de leur empire.

La loi romaine s'étoit arrogée pendant long-temps la suprématie dans nos écoles ; elle avoit quatre professeurs dans l'Université de Toulouse, et ce n'est presque que de nos jours, que le Droit Français étoit parvenu à en obtenir un.

Les rôles ont entièrement changé : un seul a resté aux règles élémentaires du Droit Romain, et quatre sont consacrés au Droit Français qui forme aujourd'hui la véritable base de l'enseignement.

« Le Droit Romain » dit un (*) des orateurs du Tribunat, en présentant à ses collègues le Décret Impérial du quatrième jour complé-

(*) M. Sedillez.

mentaire de l'an 12, « le Droit Romain avoit usurpé la première « place dans les Écoles de Droit ; il reprend ici celle qui lui convient, « il sera enseigné dans ses rapports avec le Droit Français. »

A Dieu ne plaise, que j'entende fermer pour toujours le code des Romains. Il est sans doute intéressant de connoître, dans la maturité de l'âge, les senatus-consultes, les plébiscites, les édits des bons princes qui renferment le trésor de la sagesse des siècles, et qui ont mérité d'être appelés *la raison écrite*, en les distinguant des rescrits des empereurs, espèce de législation fabriquée dans les cours de tant de monstres qui ont désolé Rome, et qui vendoient publiquement les jugemens et les lois.

Pour rendre l'étude agréable et utile, les grands maîtres ont toujours proportionné le fardeau à la force des élèves.

Nourrir préalablement leur esprit de ces principes élémentaires que les institutes accommodèrent au droit nouveau par des changemens et des réformes, c'est entrer dans les vues de Justinien, qui ne fit composer les quatre livres qui les contiennent, avant de promulguer les pandectes, que parce qu'il réfléchit, qu'elles étoient au dessus de la portée de ceux qui n'avoient pas encore les premières notions, et qui devoient, pour ainsi dire, séjourner dans le vestibule du temple de la justice, avant de pénétrer dans son sanctuaire. (*)

C'est se conformer à l'esprit et à la lettre de notre législation, qui, en bornant l'enseignement à l'étude du droit romain *dans ses rapports avec le droit français*, n'a pas entendu, qu'une partie de l'année destinée à cette étude, fût employée à traîner les jeunes gens dans l'im-

---

(*) *Ità videntur posse tradi commodissimè, si primo levi ac simplici viâ, post deindè diligentissimâ atquè exactissimâ interpretatione, singula tradantur : alioqui si statim ab initio rudem adhuc et infirmum animum studiosi, multitudine ac varietate rerum oneraverimus : duorum alterum, aut desertorem studiorum efficiemus, aut cum magno labore, sæpè etiam cum diffidentiâ (quæ plerumque juvenes avertit) seriùs ad id perducemus, ad quod, leviore viâ ductus, sine magno labore, et sine ullâ diffidentiâ, maturius perduci potuisset.* Inst. liv. 1er, tit. 1er.

mense

mense collection du code, des pandectes, des cent-soixante-huit *novelles* de Justinien, et des autres constitutions impériales.

Ce corps de lumière ne peut être utile qu'aux hommes déja préparés à la science du droit ; que le temps aura familiarisés avec les divisions, l'ordre des livres et la série des titres ; qui auront des connoissances préliminaires du droit ancien et du droit nouveau, des défauts qui se rencontrent dans les pandectes, des différents partis ou différentes écoles qui ont partagé les jurisconsultes dont il faut connoître et les noms et le temps où ils ont vécu, pour expliquer les fragments qui se trouvent soit dans le corps du Droit, soit dans les interpretes, et faciliter l'intelligence du sens et de la concordance des lois.

C'est dans cet arsenal, que des hommes déja instruits trouveront des armes de toute trempe et de toute espèce, quelquefois même pour combattre ou défendre la même cause.

Je conviens que les lois romaines ont fourni des matériaux précieux à l'édifice du code civil, mais dès que des architectes habiles y ont placé tout ce que ces lois et nos coutumes ont pu fournir pour le construire, et lui donner une perfection relative au progrès des lumières en Europe, et aux changemens survenus dans l'état et dans la législation, jeter les élèves dans un chaos difficile à débrouiller, dans un labyrinthe dont le trop grand nombre de commentateurs n'a fait que compliquer les détours, ce seroit accabler leur inexpérience, surcharger leur attention, les décourager peut-être, et les détourner de la route simple et uniforme que le code civil leur a tracée, et de cet ordre qui soulage et l'esprit et le jugement. Le terrein le plus fécond devient stérile, si on le charge de trop de semence ; un jeune arbre qui porte trop de fruit ne répond jamais aux espérances du cultivateur.

C'est dans le cours et l'explication du code civil, que nous ne manquerons pas de faire connoître aux élèves, les vrais rapports du Droit Romain avec le Droit Français.

La science s'agrandit par le retranchement de tout ce qui lui est étranger.

B

La suppression des matières bénéficiales et féodales, l'abolition des coutumes, le triage de ce que le Droit Romain peut avoir d'analogue à la nature de nos institutions, ont donné à nos Écoles le moyen de compléter l'enseignement par les élémens du droit naturel et du droit des gens, par l'étude du droit public français, et des rapports de l'administration publique avec le droit civil.

Les principes de l'équité naturelle n'étoient pas inconnus aux jurisconsultes romains ; quelques-uns fesoient profession de s'y attacher plutôt qu'à la rigueur du droit et à la lettre de la loi ; mais aucun n'a traité *ex professo, du droit naturel ni du droit des gens.*

Les livres même de Justinien, à peine en contiennent-ils quelques définitions et quelques notions très-sommaires (*).

C'est une mer sans fond et sans rivage, sur laquelle on a vogué si long-temps au hasard, qu'on a enfin senti la nécessité d'en faire une partie de l'instruction.

Puffendorf dans le Palatinat, *Bubdé* en Saxe, *Burlamaqui* à Geneve, plusieurs autres professeurs en Italie ont donné des leçons publiques sur ces matières, mais elles contiennent tant de vérités et tant d'erreurs, qu'il étoit digne de notre siècle de recueillir les unes et d'écarter les autres, par des principes simples, vrais et positifs qui donneront à notre ensignement un avantage immense sur celui des romains, et qui feront sentir que l'étude du droit naturel et des gens, est aussi précieuse, que nécessaire en législation.

« Au milieu d'un grand nombre de lois positives, formées par les « mœurs des peuples ou par la volonté souveraine du législateur » disoit d'Aguesseau aux premiers magistrats de l'empire « ce Droit a néanmoins « ses règles et ses principes. Attendons-nous qu'une main subtile et « intéressée nous en présente des fragmens imparfaits, détachés avec « adresse et déplacés avec art ; et le magistrat qui doit montrer

---

(*) C'est ce que l'on trouve au digeste *de justitiâ et jure*, et aux institutes *de jure naturali, gentium et civili.*

« la loi à tous, se bornera-t-il à ne l'apprendre que dans les écrits
« des plaideurs ? Qui sait même s'il ne saisira pas souvent au hasard
« et comme une inspiration soudaine, le sens qui s'offrira d'abord à
« son intelligence, et si la justice ne sera pas réduite à ne pouvoir
« compter que sur la justesse heureuse, quoique mal assurée, des
« pensées du magistrat ? »

C'est sans doute la réunion de ces profondes réflexions, qui a fait
placer ce droit au rang des sciences, et a déterminé le gouvernement
à en faire une branche de l'enseignement.

Le droit public qui en est une des principales émanations, a dû
y trouver aussi sa place.

Sans la connoissance des principes qui le constituent, comment
pouvoir maintenir cette police générale, si nécessaire à la tranquillité
et à l'ordre de la société ? Comment pouvoir connoître la constitution
de l'état, organiser la puissance publique, et établir les relations des
citoyens avec les diverses magistratures qui la composent ?

En France presque tout est administration, et rien de plus rare
qu'un bon administrateur. Pourquoi ? parce que dans nos anciennes
institutions, il n'y en avoit pas une qui eût donné aux jeunes gens
aucune notion relative à ce genre de fonctions, et qu'on y est trop
souvent parvenu, sans avoir appris dans le cours des études, ces principes généraux et féconds que l'âge mûrit, que les talens développent,
et qu'on ne peut acquérir que lentement et péniblement, lorsqu'on ne
les cherche que dans l'exercice même de ces fonctions. C'est pour
remplir ce vide, que dans nos écoles, on apprendra les rapports du
droit civil avec l'administration publique.

Par une suite de cette heureuse innovation, la procédure criminelle
et civile est devenue encore une partie de l'enseignement actuel.

La loi destinée au triomphe de l'innocence, ou à la punition du
crime, pouvoit-elle échapper à la sollicitude du gouvernement ?

Les formes judiciaires destinées à préparer les jugemens, et à en
procurer l'exécution, cet art si utile ou si funeste, ce glaive à deux

tranchans qui peut porter la vie ou la mort dans le sein des familles ;
suivant la délicatesse ou l'avidité de celui qui s'en est emparé, la pratique de cette science clandestine se traînera-t-elle toujours dans des
replis tortueux? non, une marche franche, ouverte et uniforme va
succéder à ses détours mystérieux ; un professeur particulier lui est
destiné, et après le temps de l'indulgence de la loi, on ne pourra en
exercer les fonctions, qu'après l'étude et les examens qu'elle exige.

C'est par cet ensemble, que les Écoles de Droit doivent faire partie
de l'instruction publique, et devenir une pépinière de jurisconsultes,
de magistrats, d'administrateurs et d'hommes d'état ; non pas que
nous ayons la folle prétention de croire, qu'en sortant de nos mains,
les élèves seront capables de remplir ces importantes fonctions, mais
en leur donnant des connoissances positives de ces divers états, nous
les mettrons à portée de choisir celui qui sera le plus analogue à leur
goût et à leurs talens.

« Jusqu'ici » ajoutoit le même orateur du Tribunat « l'instruction
« publique n'avoit eu ni ensemble, ni direction, ni surveillance ; elle
« va jouir de ces avantages inappréciables. Il est temps que la France
« se ressaisisse aussi de la gloire de l'enseignement et des bonnes
« études ; que l'étranger qui vient chez nous, pour respirer un air
« plus pur, y vienne aussi pour y chercher une éducation plus com-
« plette, et qu'après s'être senti plus heureux avec nous, il sente en-
« core qu'il s'en retourne meilleur dans sa patrie. C'est ainsi que le
« bienfait de notre législation s'étendra chez nos voisins ; que notre
« code civil, par la seule influence de la raison, deviendra le code
« universel de l'Europe, ou, ce qui est peut-être plus glorieux, il
« sera le commentaire naturel, le supplément raisonnable de tous
« les codes étrangers. »

Jamais, MESSIEURS, un législateur n'avoit porté ses vues aussi
loin, jamais une telle prévoyance n'avoit veillé à la perfection et à la
durée de son ouvrage.

Nos progrès sont garantis d'avance par la surveillance des ministres de l'intérieur et de la justice, d'un directeur général qui, comme on l'a dit de *Leibnits*, a su atteler toutes les sciences de front ; d'un inspecteur général qui a porté plus d'une pierre au grand édifice de l'instruction publique, qui par ses rapports lumineux au corps législatif, a fait ressortir avec autant de profondeur, que d'élégance, les principes qui doivent régir désormais les testamens, les donations et les contrats, et qui par l'affection spéciale qu'il nous porte, mérite toute notre reconnoissance ; d'un conseil de discipline et d'enseignement composé des magistrats les plus éclairés et des jurisconsultes les plus célèbres, d'un bureau d'administration à la tête duquel se trouvent les deux administrateurs dont la ville et le département s'honorent, connus par leurs lumières, leurs talens et leurs ressources. C'est avec cet auguste cortège, que notre École se présente aux yeux du public.

Le code Napoléon doit donc, sous tous les rapports, être placé au dessus de celui de Justinien.

Que de traits de ressemblance et de disparité entre ces deux restaurateurs, l'un du Droit Romain, l'autre du Droit Français !

Justinien extermina les Vandales, subjugua l'Italie et rétablit l'empire romain dans sa première splendeur.

Napoléon a arraché la France à l'anarchie et aux excès d'une révolution qui, comme Saturne, dévoroit ses enfans ; il a rendu à la nation la majesté du trône, et a joint la couronne d'Italie à la couronne impériale.

Justinien fit réunir les plus belles décisions répandues dans plus de deux mille volumes des anciens jurisconsultes.

Mais il avoit mis à la tête de ceux qu'il chargea de ce travail, le trop fameux *Tribonien* dont la postérité a proclamé la finesse de l'esprit et la profondeur de l'érudition, mais dont elle a noté quelquefois contradictoires sur l'explication desquelles on est forcé de convenir, que l'appat de l'argent les a promues, et que l'avarice a subjugué la raison, de manière que, pour toute solution, on est quelquefois réduit à dire, qu'elles portent l'empreinte de la main de leur auteur, *Triboniani manum passæ sunt.*

Napoléon n'a pas eu à choisir entre les lois qui régissoient la France, lorsqu'il est arrivé au pouvoir suprême.

Il n'a trouvé d'un côté que de magnifiques ruines, et de l'autre, la licence égorgeant la liberté, et l'anarchie siégeant sur les débris des lois.

L'assemblée constituante étonnée elle-même de sa toute-puissance, au lieu de l'employer à construire l'édifice de la régénération publique dont elle avoit jeté les fondemens, se laissa entraîner hors de sa route par les factions qui l'agitèrent tour-à-tour, et il ne lui resta assez de force, que pour renverser les colonnes du temple.

L'assemblée législative fut effrayée des décombres dont elle étoit entourée, et la législation ne devint qu'un assemblage monstrueux de lois et de décrets qui ont si souvent affligé la raison, la justice et l'humanité, et que le code civil a replongé dans le néant.

C'est par la présence du Chef de l'État à presque toutes les conférences relatives à la confection de ce code ; c'est en présidant lui-même à sa rédaction, et en portant dans la discussion, cette précision, cette sagacité, cette justesse de jugement, cette supériorité de génie qui le caractérisent, que cet ouvrage est parvenu à sa perfection ; ce n'étoit quelquefois qu'un mot, mais ce mot étoit celui d'un homme qui abrège tout, parce qu'il voit tout.

Justinien se déclara d'abord le protecteur du christianisme, et répara les temples ruinés, mais il chercha ensuite à accabler du poids de son autorité le courageux Agapet, et devint le persécuteur des papes Silvere et Vigile.

Napoléon pénétré de respect pour les vertus de Braschi, et prévoyant la place que la postérité lui destine dans les annales de la politique et de l'église, s'unit à l'archevêque de Corinthe, pour faire rendre enfin les honneurs de la sépulture à son corps déposé depuis six mois dans la ville de Valence.

C'est par lui , que les restes précieux de ce grand pontife sont de-
venus l'objet des regrets des français repentans qui expient envers ce
corps inanimé , deux ans d'une affreuse persécution dont l'impiété et
la barbarie avoient accablé cet imperturbable vieillard. C'est ainsi que
Napoléon a consolé la religion et l'humanité.

Pendant les tribulations de ce martyr vivant, il avoit manifesté la
même vénération pour sa personne et pour la chaire sacrée sur laquelle
il étoit assis.

Maître de Mantoue, l'armée le presse d'entrer dans Rome ; mais
cette capitale du monde idolâtre est devenue la capitale du monde
chrétien. Il craint que la licence des camps ne profane le premier siège
de la religion et ne mutile des monumens qu'il veut conserver, dans
un temps où l'on cherchoit à tout détruire ; Rome n'est point envahie,
le général victorieux s'abstient de cette conquête facile ; devant ses
murs s'abaissent par respect les drapeaux de la république triom-
phante.

« J'aime mieux » écrivoit-il , le 7 brumaire an 5 , au ministre plé-
nipotentiaire (*) chargé de négocier la paix avec le pape « j'aime
» mieux être le sauveur du chef de l'église et de ces belles contrées,
« que leur destructeur.

Aussi l'histoire l'a-t-elle déja montré à la postérité , comme ayant
remporté la plus belle victoire, en triomphant du ton et du préjugé
révolutionnaires, et en manifestant envers un vieillard désarmé , cette
délicatesse de sentiment , cette convenance de respect qu'il puisoit
dans son cœur ; conduite d'autant plus sublime , que nous avons vu
bientôt après ce même chef de l'église , traîné de ville en ville , et
mis en spectacle au milieu de l'appareil de la guerre , malgré les gla-
ces de l'âge et presque de la mort , tendant inutilement ses mains dé-
faillantes à ses persécuteurs.

Le Dieu des armées , en plaçant la palme de la victoire sur le front

_____

(*) M. Cacault.

du vainqueur de *Marengo* , lui inspira le grand dessein de rétablir l'unité religieuse , et de rendre à la France son culte antique. C'est au milieu du champ de bataille , que fut conçue l'idée du concordat qui a fixé une doctrine immuable.

En montant sur le trône , il a relevé l'autel et la gloire du pontificat, a voulu que le successeur de Pie VI fût respecté en France comme souverain, et vénéré comme chef de l'église , et a réuni pour toujours le sacerdoce et l'empire trop long-temps divisés.

Un génie doué par la nature, protégé par la providence , mûri par les orages de la révolution ne pouvoit que renverser les principes d'une fausse philosophie , et rasseoir l'instruction sur des bases morales et religieuses.

Les armes et les lois ont toujours été les deux poles sur lesquels repose la stabilité des empires.

Après avoir porté les armes au plus haut point de gloire , le premier soin de cette activité infatigable à reconstruire , a été de donner des lois à la nation.

Brillante jeunesse , qui venez vous livrer à une étude dont vous avez senti la privation , ne croyez pas à ces modernes déclamateurs , qui cherchant à déprimer les talens qu'ils n'ont pas , jugeant de tout par les surfaces , voudroient vous décourager , en jettant à pleines mains dans la carrière du Droit , les épines qu'ils sont incapables d'arracher.

Au lieu de dessécher votre ame, l'étude des lois s'embellira de toutes les connoissances que vous avez déja acquises.

L'histoire est aux lois ce qu'est la lumière aux objets qu'elle colore.

Les sciences exactes vous donneront la justesse et la précision ; la littérature , la poésie , vous fourniront les graces de l'élocution , et les images si souvent nécessaires pour donner de la force à vos pensées.

C'est par cette heureuse réunion , que nous avons vu l'immortel auteur de *l'esprit des lois* , tantôt assis entre Socrate et Licurgue juger les nations , leurs usages et leurs mœurs ; tantôt foulant l'émail des prairies , se jouer avec les grâces ; se mêler aux danses ingénues des

filles

filles de Gnide , et porter par-tout l'empreinte du caractère distinctif de chaque genre , comme si la nature , fière de son ouvrage , avoit voulu apprendre aux hommes, qu'au lieu de s'exclure réciproquement , toutes les connoissances se prêtent un secours mutuel.

Comptez sur notre zèle , et sur le désir sincère de répondre aux vues du gouvernement ; l'harmonie qui règne entre nous , doit vous garantir les efforts que nous ferons pour y parvenir.

L'homme nourri de l'étude des lois , pénétré dès l'enfance , des maximes du juste et de l'injuste, est capable de déployer naturellement et sans effort , tout ce que le courage et l'héroïsme peuvent opposer à l'injustice. Je pourrois en rappeler une foule d'exemples.

Je me bornerai à en indiquer un chez les Romains , et un autre parmi les Français.

Un de ces tigres couronnés qui ont dévoré plutôt que gouverné l'empire Romain , avoit souillé ses mains d'un horrible fratricide : il ordonne à Papynien de le justifier aux yeux du sénat, et de choisir entre l'obéissance et la roche Tarpéienne.

Un choix , répond l'homme juste ; suis-je libre d'en faire ? Apprennez qu'il est plus facile aux princes de commettre des crimes, que de trouver des jurisconsultes qui les justifient.

Dumoulin est à Montbéillard : le prince qui y règne a avec ses voisins , un de ces démêlés que les souverains daignent quelquefois soumettre à l'autorité de la raison , sa prétention est injuste , mais il espère de triompher , si Dumoulin veut prendre sa défense.

Sollicitations , promesses , offres , tout est mis en usage , et tout est inutile : aussi cruel qu'injuste , le prince veut effrayer par les tourmens , cet homme si supérieur à la tentation des richesses.

Aussi-tôt il est environné de tout ce qui peut ébranler le courage le plus héroïque : traîné sur les rochers des alpes , enfermé dans un affreux cachot, chaque jour sous le glaive de la mort. . . Il est seul, sans appui, sans défenseur, dans un abandon général , mais son ame reste debout au milieu des assauts capables de l'abattre.

Ç

Fermé , calme , tranquille , couvert de cette dignité que le mal-
heur ajoute à la vertu , il voit enfin ses tyrans et ses fers tomber à ses
pieds.

Rochers qui l'environnez , masses énormes qui pressez les enfers ,
et bravez la fureur des ouragans , c'est ainsi qu'on vous voit immobiles
au milieu des foudres du ciel et des révolutions du globe : amour sacré
de la justice , tu as donc tes héros , aussi-bien que l'enthousiasme de
la gloire (*).

La source des grandes actions n'est pas tarie ; la France régénérée
ne pouvoit pas remonter tout-à-coup au titre de *grande nation*.

Nous ne devons reporter nos regards sur le passé , que pour mieux
apprécier l'étendue du bienfait , et mieux éprouver ce sentiment délicieux qui attache au bienfaiteur.

Lorsque la lie de la nation étoit aux premiers postes , comme
l'écume des mers agitées s'élève quelquefois sur leur surface , tout de-
voit naturellement tomber en dissolution ; lorsque le plus digne est
monté à la premiere place , tout a dû prendre l'empreinte de son
ame.

Je sais qu'il y a des degrés pour arriver au bien , comme au mal, et
qu'en un jour on ne peut pas retremper l'ame d'un grand peuple , dont
on avoit corrompu les principes religieux , civils et politiques.

Je sais avec quel ménagement on doit avancer un système entièrement nouveau ; je sais même , qu'en les détruisant , on doit respecter
les préjugés et les habitudes formées , et qu'avant d'attaquer de front
une erreur presque générale , il faut envoyer , comme les colombes
de l'arche , quelques vérités à la découverte , pour voir si le déluge
des préjugés ne couvre pas encore la face du monde , si les erreurs
commencent à s'écouler , et si l'on apperçoit quelques isles où la
vérité et la vertu puissent prendre terre , pour se communiquer aux
hommes.

_____

(*) Ces deux exemples sont tirés de l'éloge historique de Dumoulin.

C'est le calcul du génie et de la sagesse, c'est ce coup d'œil rapide qui saisit l'ensemble, et qui décide du moment.

Ce moment est arrivé ; la restauration des lois a été le signal d'une restauration générale.

Toulouse, quitte tes habits de deuil ; si pour ton bonheur, tu n'es plus capitale de royaume, comme tu l'as été trois fois, tu vas reprendre ta place dans l'empire des sciences et de l'instruction.

Déjà un décret impérial nous assure l'existence des classes de physique expérimentale, de chymie, d'histoire naturelle et d'astronomie.

L'académie des arts transplantée au musée enrichi des dons du gouvernement, va offrir des modèles aux élèves, et devenir pour eux le temple de la gloire et de l'immortalité.

Le vœu de l'humanité souffrante sera aussi exaucé ; l'art de guérir parviendra encore à une plus grande perfection, les fonds que la commune a destinés à des leçons publiques vont lui donner tout le développement dont il est susceptible.

Cessons de gémir sur la décadence des lettres, la création des lycées a déjà arrêté la littérature sur le bord de l'abyme ; les sages réglemens qui les constituent, nous annoncent qu'Horace, Virgile, Tacite, Tite-Live, Cicéron, Demosthène, vont reprendre la parole, réunir leurs richesses à celles de Boileau, de Racine, de Fléchier, de Bossuet, de Fénélon, et porter la plus heureuse influence dans le cœur d'une jeunesse ardente et sensible. Que ne devons-nous pas nous promettre, de l'expérience et des lumières des chefs de cette institution !

L'université a toujours été une des plus grandes ressources de cette vaste cité.

Les écoles de droit en remplacent une partie : puissions-nous remplacer aussi les savans personnages qui en ont fait l'ornement et la gloire ! après avoir long-temps erré sur les tristes restes de leur ancien sanctuaire, leur ombre vient se consoler aujourd'hui, et remercier les autorités constituées de l'asile qu'elles nous ont donné.

La théologie annoncée dans l'établissement du séminaire métro-politain, completera l'œuvre de l'enseignement ; non pas cette théologie scolastique plus occupée à combattre les textes, qu'à les concilier, à trouver des difficultés qu'à les résoudre, et qui par les subtilités de l'argumentation, est plus propre à tourmenter l'esprit, qu'à améliorer le cœur ; mais cette science douce et consolante, cette fille du ciel, que les vapeurs de la terre n'ont jamais altérée, cette loi divine, la sanction la plus inviolable des lois humaines, loi inaltérable qui place le supplice dans le sein du crime, et le calme dans celui de l'innocence, qui reserre les liens de la société, inspire aux peuples l'amour, le respect et l'obéissance qu'ils doivent aux souverains, et donne aux souverains la force qui leur est nécessaire, pour soutenir le poids du fardeau que la providence leur a imposé.

Toulouse va jouir de tous ces avantages. Encore un instant, et elle va recouvrer toutes ses anciennes institutions.

L'académie des sciences, inscriptions et belles-lettres, qui a fixé tant de vérités éparses sur les débris de l'antiquité, qui a arraché tant de secrets à la nature, et a mis en lumière tant de monumens ;

Celle des jeux floraux, dont la gloire remonte à l'antique institution des Troubadours ; ces patriarches de notre littérature, qui distribuoient des prix dans un temps où les ténèbres de l'ignorance couvroient encore le reste de l'europe ; ces deux corps littéraires seront bientôt rétablis. Les garans de ma confiance sont, l'amour de Sa Majesté Impériale pour la gloire de l'empire, et celui des autorités constituées pour celle de Toulouse.

Puissions-nous voir revivre, le 3 du mois de mai, cette fête vraiment patriotique, où les couronnes littéraires étoient accordées aux talens, au milieu d'une foule immense, et de la pompe la plus solennelle.

Tout échauffoit le cœur et élevoit l'ame dans cette brillante cérémonie ; tout nous transportoit à cette glorieuse époque des pères de la poésie, surnommés *les sept poëtes* par excellence, ou les *sept main-teneurs du gai savoir.*

Cet Orme (*) que le temps semble avoir respecté, pour nous rece-

---

(*) Il est certain, d'après les monumens les plus incontestables, qu'une société de sept poëtes ou *troubadours*, avoit établi long-temps avant 1323, dans un faubourg de Toulouse, connu sous le nom de *St.-Aubin*, un collège de poésie dont les membres portoient le nom de *mainteneurs de la gaie science* ou *du gai savoir.*

C'est à eux que nous devons la première poëtique qui ait paru en Europe.

Ils appeloient la poésie *l'art joyeux de faire des vers*, les règles de la versifi-cation *les fleurs du gai savoir*, leur association *le collège de gaie science.*

Il résulte de la lettre de convocation qu'ils adressèrent, dans le mois de novembre 1323, à tous les poëtes et aux personnes les plus distinguées de la province, qu'ils les attendoient, le 3 du mois de mai, dans le *verger délicieux que nous tenons*, disent-ils, *des poëtes nos devanciers.*

Ce verger et la maison publique où ils avoient leur chancellier et autres officiers, ayant été détruits en 1355, ainsi que le faubourg dans lequel ils étaient situés, par les effets de la guerre avec les anglois qui s'étoient emparés de la Guienne, la ville s'empressa de les recevoir dans la Maison Commune où ils continuèrent leur *joyeux* exercice, avec le concours des capitouls qui, voulant partager la gloire de cette ancienne institution, cherchèrent à en augmenter la pompe, et délibérèrent de prendre sur les fonds publics, les sommes nécessaires pour fournir aux frais de la *violette* d'or, et d'autres prix qu'ils y joignirent.

Des calamités publiques en ayant pendant quelque temps suspendu la distribu-tion, Clémence Izaure, saisit cette suspension sur la fin du seizième siècle pour rétablir le collège du *gai savoir*, sous le nom de collège de Rhétorique ou de poésie française, la fête de la violette fut alors appelée celle des Jeux Floraux.

Elle distribua elle-même ses premières couronnes à ceux qui les avoient méritées, et pour rendre cette distribution plus régulière et plus constante, elle donna tous ses biens à l'Hôtel de Ville, à la charge de célébrer les Jeux Floraux à perpé-tuité.

Depuis cette époque, le 3 du mois de mai a continué d'être à Toulouse une fête vraiment patriotique.

En commémoraison du verger des Troubadours, les académiciens mainteneurs des Jeux Floraux, se réunissoient avant la séance, sous un Orme du collège de *S.-Martial*, près la Maison Commune, et entroient ensuite dans l'Hôtel de Ville,

voir encore sous son ombrage avant la séance publique, en commémoraison du *verger délicieux* que les Troubadours du 14.me siècle
déclaroient tenir de leurs *devanciers*, et dans lequel ils distribuoient
les fleurs de la gaie science ; ces prix déposés avec respect sur l'autel
de la *Daurade* où reposent les cendres de Clémence Isaure, et pom-
peusement transportés, pendant l'éloge de leur fondatrice, dans cette
salle où la reconnoissance publique a récompensé les hommes *illustres*,
en les plaçant, pour ainsi dire, entre le ciel qui les a inspirés, et la
terre qu'ils ont éclairée ; ces bruyans applaudissemens, ces acclamations , cet ensemble magique exaltoit le triomphe des vainqueurs,
excitoit l'émulation des vaincus, et préparoit une nouvelle moisson
de gloire.

L'eau de l'Hipocrène a été troublée par les orages révolutionnaires,
mais elle a déposé son limon, et est devenue aussi pure qu'auparavant.
Les palmes de l'éloquence ont pu être flétries, mais elles ont repris
leur première vigueur ; condamnées au silence, nos lyres ont été
suspendues aux saules du rivage, mais elles ne sont pas brisées.

Puissent-elles reprendre bientôt leurs sons harmonieux ; célébrer
l'influence des mœurs et de la religion sur les gouvernemens ; trans-
mettre en traits de feu à la postérité étonnée, les faits d'armes les
plus éclatans, les exploits incroyables de nos guerriers qui n'ont
jamais eu d'autre crainte, que celle de ne pas se mesurer assez tôt
avec l'ennemi, les succès constans et rapides de nos armées qui sont
l'objet de l'effroi et de l'admiration de l'univers, et chanter le retour
de la paix descendant du char de la victoire, pour arrêter l'impétuosité

---

avec autant de dignité, que de pompe.

Ce même jour, une députation alloit prendre les prix sur l'autel de l'Église de
la Daurade, où ils avoient été déposés le matin, tandis que dans la salle des
Illustres on célébroit la mémoire de Clémence Izaure.

Sa Statue couronnée de Roses, tenant dans sa main droite les quatre fleurs
qu'elle a fondées, rappeloit à la reconnoissance publique, le temps où elle les
distribuoit elle-même.

de nos Aigles triomphans, et déposer la foudre, aux pieds de la Statue du restaurateur des lois !

Les souvenirs glorieux qu'a rappelés cet éloquent discours, en retraçant l'heureuse époque où Toulouse fut honorée du titre de *savante*, et sur-tout en exprimant les sentimens d'admiration, d'amour et de reconnoissance que nous devons au Héros restaurateur de la France, ont électrisé l'ame de tous les auditeurs qui, par des applaudissemens unanimes et réitérés, ont souvent manifesté l'enthousiasme dont ils étoient si justement pénétrés.

La Musique a exécuté plusieurs airs analogues à la circonsance ; et la séance ayant été levée, le cortége est revenu, dans le même ordre, à l'hôtel de la Mairie.

Ainsi s'est terminée cette auguste cérémonie, à jamais mémorable pour la ville de Toulouse.

Grâces immortelles en soient rendues au génie réparateur, au Monarque bienfaisant qui a daigné rendre à cette ville une partie de son ancien lustre ; et qui, nous osons l'espérer, mettra bientôt le comble à sa munificence, en rétablissant, dans cette cité, toutes les branches de l'instruction dont elle étoit en possession depuis plusieurs siècles, et les célèbres institutions qui la firent distinguer de toutes les autres villes de l'Empire.

Fait à la Mairie de Toulouse, le 21 brumaire an 14, et le 2.e de l'Empire Français.

Pour le Maire :

FOULQUIER.

Le Secrétaire Général de la Mairie,

PHILIP.